# BEI GRIN MACHT SICH I... WISSEN BEZAHLT

- Wir veröffentlichen Ihre Hausarbeit, Bachelor- und Masterarbeit

- Ihr eigenes eBook und Buch - weltweit in allen wichtigen Shops

- Verdienen Sie an jedem Verkauf

Jetzt bei www.GRIN.com hochladen und kostenlos publizieren

Sabrina Brück

# Business Process Management-Werkzeuge - Marktübersicht, Analyse und Historie des BPM Marktes

GRIN Verlag

**Bibliografische Information der Deutschen Nationalbibliothek:**

Die Deutsche Bibliothek verzeichnet diese Publikation in der Deutschen National-
bibliografie; detaillierte bibliografische Daten sind im Internet über http://dnb.d-
nb.de/ abrufbar.

Dieses Werk sowie alle darin enthaltenen einzelnen Beiträge und Abbildungen
sind urheberrechtlich geschützt. Jede Verwertung, die nicht ausdrücklich vom
Urheberrechtsschutz zugelassen ist, bedarf der vorherigen Zustimmung des Verla-
ges. Das gilt insbesondere für Vervielfältigungen, Bearbeitungen, Übersetzungen,
Mikroverfilmungen, Auswertungen durch Datenbanken und für die Einspeicherung
und Verarbeitung in elektronische Systeme. Alle Rechte, auch die des auszugsweisen
Nachdrucks, der fotomechanischen Wiedergabe (einschließlich Mikrokopie) sowie
der Auswertung durch Datenbanken oder ähnliche Einrichtungen, vorbehalten.

**Impressum:**

Copyright © 2011 GRIN Verlag GmbH
Druck und Bindung: Books on Demand GmbH, Norderstedt Germany
ISBN: 978-3-640-97466-5

**GRIN - Your knowledge has value**

Der GRIN Verlag publiziert seit 1998 wissenschaftliche Arbeiten von Studenten, Hochschullehrern und anderen Akademikern als eBook und gedrucktes Buch. Die Verlagswebsite www.grin.com ist die ideale Plattform zur Veröffentlichung von Hausarbeiten, Abschlussarbeiten, wissenschaftlichen Aufsätzen, Dissertationen und Fachbüchern.

**Besuchen Sie uns im Internet:**

http://www.grin.com/

http://www.facebook.com/grincom

http://www.twitter.com/grin_com

IWi – Institut für Wirtschaftsinformatik

# Marktübersicht

Business Engineering Labor 2

Sabrina Brück

# Inhaltsverzeichnis

# Tabellenverzeichnis

# Abkürzungsverzeichnis

| | |
|---|---|
| BP | Business Process |
| BPM | Business Process Management |
| BPMA | Business Process Modeling and Analysis |
| BPMS | Business Process Management System |
| BPSE | Business Process Simulation and Execution |
| BVA | Bundesverwaltungsamt |
| IT | Information Technology |
| SaaS | Software-as-a-Service |
| SOA | Serviceorientierte Architekturen |

# 1 Einleitung und Motivation

Heutige Unternehmen sind, im Vergleich zu Unternehmen vor 20 Jahren, sehr stark auf flexible und globale Strukturen ausgerichtet. Sie können sich schnellstens ihrem wandelnden Umfeld anpassen und agieren mit Standorten und Lieferanten auf der ganzen Welt.

Um die dadurch immer komplexer werdenden Geschäftsprozesse zu unterstützen, bietet die Informations- und Kommunikationstechnologie immer mehr und immer neuere Unterstützungsfunktionen für die Unternehmen an. Business Process Management Lösungen „versprechen Unternehmen auf dem Weg zum flexiblen Echtzeitunternehmen einen Schritt weiter zu bringen"[1]. Mit Hilfe dieser Werkzeuge können sich Unternehmen schneller an sich ändernde Umfeldbedingungen anpassen und somit auf kurzfristig eintretende Ereignisse schnell reagieren.[2]

Die vorliegende Arbeit gibt in Kapitel 2 einen Überblick über die Historie des BPM Marktes, welche Veränderungen im Laufe der Zeit aufgetreten sind und wie der aktuelle Stand zum heutigen Zeitpunkt ist. In Kapitel 3 wird konkret auf die Marktübersicht eingegangen, indem ein Ordnungsrahmen erstellt und danach eine Übersicht der existierenden BPM Werkzeuge gegeben wird. Im letzten Kapitel folgen ein Fazit und zukünftige Entwicklungen, die noch auf den BPM Markt zukommen könnten.

---

[1] Müller, D.: Business Process Management (BPM) auf dem Vormarsch, September 2004, http://www.zdnet.de/it_business_technik_business_process_management__bpm__auf_dem_vo rmarsch_story-11000009-39125776-1.htm, Zugriff am 1.3.2011
[2] Pajkovska Goceva, S.: Business Process Management Suites: Ein Überblick, Grin Verlag 2009, S.1

## 2  BPM-Markthistorie

„Der Betrieb ist in Wirklichkeit ein fortwährender Prozess, eine ununterbrochene Leistungskette. [...] anzustreben ist in jedem Fall eine klare Prozessgliederung"[3]. Dies stellte F. Nordsieck bereits im Jahr 1932 fest und erkannte somit den abstrakten Geschäftsprozess als Grundlage für die Strukturierung eines Unternehmens.

Betrachtet man die Unternehmenswelt des letzten Jahrhunderts, findet man klar organisierte und strukturierte Unternehmen vor, die, angefangen von eigenen Rohstoffen über die Produktion bis hin zum Vertrieb, alle Prozesse selbständig oder mit Hilfe sehr weniger, nur für einen Zweck speziell ausgewählter Unternehmen, erledigen.[4] Zu dieser Zeit waren Softwarelösungen, die globale Handlungen unterstützen, sowie komplexe Geschäftsprozesse abbilden können, nicht notwendig und somit auch nicht vorhanden.

Um sich einen Wettbewerbsvorteil am Markt zu verschaffen, wurde mit der Zeit immer wichtiger, dass nicht nur der Unternehmenserfolg im Vordergrund steht, sondern auch stets die Prozesse weiter optimiert werden müssen, da sich fortwährend komplexere Geschäftsprozesse ergaben, z.B. durch Erweiterung, Ergänzung und Verbesserung. Begleitend zu dieser Entwicklung gab es immer auch Softwarelösungen, die sich dem aktuellen Stand anpassten und die Unternehmen z.B. bei der Kostensenkung durch Prozessoptimierung unterstützen. Abwechselnd wurde über eine längere Zeitspanne auf organisatorische, dann auf technische Lösungen gesetzt, allerdings stellte sich heraus, dass nur ein Ansatz, der beide Aspekte berücksichtigt, erfolgsversprechend ist.[5]

In der heutigen Zeit existieren auf dem Markt bereits sehr viele BPM-Lösungen. Einige dieser Tools legen ihren Fokus auf bestimmte Bereiche, (z.B. die Modellierung von Prozessen) die dann verstärkt unterstützt werden, andere können den gesamten Lebenszyklus abbilden. Erreicht wird die vollständige Unterstützung des Lebenszyklus technisch meist durch die Zusammenführung existierender Technologien zur Modellierung und Automatisierung von Prozessen und Workflows mit Business Service und Process Manager.[6]

---

[3] Nordsieck, F.: Die schaubildliche Erfassung und Untersuchung der Betriebsorganisation, 1932

[4] Pajkovska Goceva, S.: Business Process Management Suites: Ein Überblick, Grin Verlag 2009, S.1

[5] Kostengünstig und effektiv: Ganzheitlicher Ansatz bietet Unternehmen flexible und optimale Lösungen - Mit Business Process Management (BPM) an die Marktspitze, http://www.pressebox.de/pressemeldungen/frontrange-solutions-deutschland-gmbh/boxid/91487, Zugriff am 1.3.2011

[6] Kostengünstig und effektiv: Ganzheitlicher Ansatz bietet Unternehmen flexible und optimale Lösungen - Mit Business Process Management (BPM) an die Marktspitze, http://www.pressebox.de/pressemeldungen/frontrange-solutions-deutschland-gmbh/boxid/91487, Zugriff am 1.3.2011

# 3 Marktübersicht

## 3.1 Entwicklung eines Ordnungsrahmens

Vor der Erstellung der eigentlichen Marktübersicht, soll zunächst ein Ordnungsrahmen, bzw. eine sinnvolle Kategorisierung der Werkzeuge erarbeitet werden.

In Literatur und Praxis ist eine solche Kategorisierung bisweilen eher selten zu finden, jedoch konnten einige Ansätze identifiziert werden: Eine in der Literatur gewählte Vorgehensweise ist die Unterteilung der Werkzeuge in BPMA (= Business Process Modeling and Analysis) und BPMS (Business Process Management System). Wie man den Bezeichnungen bereits ansehen kann, sind die Grenzen sehr unscharf, da BPMA-Funktionalitäten im Allgemeinen Bestandteile von BPM-Systemen sind. Der Autor J. Freund führt jedoch eine Abgrenzung der beiden Kategorien mit folgenden Ergänzungen durch:[7]

- BPMA: Die unterstützenden Werkzeuge legen Ihren Fokus auf das organisatorische Prozessmanagement. Betriebliche Abläufe werden dokumentiert, analysiert und simuliert.

- BPMS: Hierbei liegt der Fokus auf der Umsetzung von Prozessen in Softwaresystemen. Das Ergebnis ist ein technisches Prozessmodell, welche durch eine Process Engine ausgeführt werden kann.

Demnach geht es bei dieser Unterscheidung nur sekundär um den technischen Funktionsumfang, sondern vielmehr um den Fokus der Werkzeuge innerhalb eines abgrenzten Bereichs. Eine ähnliche Kategorisierung wurde von Spath durch die Studien des Fraunhofer Instituts von 2008[8] (Business Process Management Tools) und 2010[9] (Business Process Modeling Tools) gewählt. Während es sich in der Studie aus 2008 um eine Betrachtung von Werkzeugen zum ganzheitlichen Geschäftsprozessmanagement handelt, wurde in der Studie aus 2010 der Fokus auf diejenigen Werkzeuge gelegt, die eine technische Prozessmodellierung (ggf. bis hin zur Ausführung) in besonderer Weise unterstützen. Man kann sehr gut sehen, dass sich dabei diverse Überschneidungen bei Werkzeugauswahl ergeben haben.

---

[7] Freund. J: Orientierung BPM, http://www.bpm-guide.de/wp-content/uploads/2010/08/cw33-s14-17.pdf, Abrufdatum: 01.03.2011, S. 15
[8] Spath, D., Weisbecker, A. (Hrsg.): Business Process Management Tools 2008 – Ein evaluierende Marktstudie zu aktuellen Werkzeugen, Fraunhofer Institut Arbeitswirtschaft und Organisation
[9] Spath, D. (Hrsg.), Weisbecker, A., Drawehn, J.: Business Process Modeling 2010 - Modellierung von ausführbaren Geschäftsprozessen mit der Business Process Modeling Notation, Fraunhofer Institut für Arbeitswirtschaft und Organisation IAO

Eine weitere Kategorisierung wurde ebenfalls von J. Freund im Hinblick auf die Systemarchitektur vorgenommen. Hierbei wird zwischen „Pure Play BPMS", „Embedded BPMS", „SaaS BPMS" und „Open-Source-BPMS" unterschieden. Die konkreten Ausprägungen sind in der folgenden Tabelle beschrieben.

| Kategorie | Kurzbeschreibung |
| --- | --- |
| Pure Play BPMS | Diese Systeme werden beim Anwender installiert und über Schnittstellen mit bereits vorhandenen Anwendungen gekoppelt. Die Einführung von Pure Play BPMS geht häufig mit der Entwicklung einer SOA einher, kann aber auch für ein reines Human-Workflow-Management erfolgen. Einige Hersteller wie Oracle oder Inubit bieten auch integrierte Lösungen für BPMS und BPMA an. |
| Embedded BPMS | Embedded BPMS sind in der Regel keine eigenständigen Produkte, sondern Komponenten innerhalb funktionaler Softwaresysteme, die der Workflow-Steuerung oder dem Customizing dienen. |
| SaaS BPMS | Die Nutzung von BPMS als Software as a Service steht noch relativ am Anfang, ist aber sehr vielversprechend. Hierbei kann es sich um relativ simple und dadurch schlanke Workflow-Lösungen handeln oder um mächtige SOA-Stacks mit Prozessausrichtung. |
| Open-Source-BPMS | Quelloffene BPMS werden in der Praxis sowohl als Alternative zu kommerziellen Pure-Play-Lösungen gesehen als auch von Softwareherstellern für Embedded-BPM-Lösungen herangezogen. |

*Tabelle 1: BPMS-Kategorien[10]*

Kritisch ist an dieser Kategorisierung anzumerken, dass auch hierbei häufig keine eindeutige Aussage über die korrekte Zuordnung getroffen werden kann, da sich einige Werkzeuge in verschiedenen Kategorien wiederfinden können. Beispielsweise ist ein Open-Source-Werkzeug denkbar, welches als „Pure Play BPMS", „Embedded BPMS" oder als „SaaS BPMS" anzusehen ist. Eine ähnliche Untergliederung, wenn auch nicht ganz so umfangreich, wendet BPM&O[11]

---

[10] Freund. J: Orientierung BPM, http://www.bpm-guide.de/wp-content/uploads/2010/08/cw33-s14-17.pdf, Abrufdatum: 01.03.2011, S. 16f

[11] URL: http://www.bpmo.de/bpmo/export/sites/default/de/know_how/downloads/BPM-Anbieter_Umfrage_08.11.2010.pdf, Abrufdatum: 03.03.2010

in seinen Übersichten der BPM-Anbieter an. Hierbei wird unter dem Attribut „Art der Software" zwischen „Reine BPM-Software" und „Bestandteil einer Lösung unterscheiden.

Aus den genannten Gründen haben die Autoren der vorliegenden Arbeit eine Kategorisierung gewählt, welche sowohl die genannten Ansätze als auch die Phasen des BPM Lebenszyklus vereinen. Demnach soll in der Marktübersicht zwischen BPMA/E (BPMA + Execution), Modeling sowie dem „Ganzheitlichem BPM" und Sonstige unterschieden werden. Konkret wird das Konzept in der nachfolgenden Tabelle verdeutlicht.

| Kategorie | Kurzbeschreibung |
|---|---|
| BPMA/E | Werkzeuge mit Fokus auf Modellierung, Ausführung und Analyse von Geschäftsprozessen |
| Modeling | Werkzeuge mit Fokus auf die Modellierung von Geschäftsprozessen |
| Ganzheitliches BPM | Werkzeuge, welche des gesamten BPM Lebenszyklus technisch unterstützen |
| Sonstige | Werkzeuge mit sonstigem Fokus |

*Tabelle 2: Kategorisierung der Marktstudie[12]*

Zusätzlich zu dieser Kategorisierung werden die einzelnen Phasen des BPM Lebenszyklus („Strategy Development", „Definition and Modeling", „Implementation", „Execution", „Monitoring and Controlling", „Optimization and Improvement") in die Marktübersicht als Attribute aufgenommen, ebenso, wie die in Tabelle 1 genannten Ausprägungen der Architektur.

## 3.2 Vorgehen und Detaillierungsgrad

In diesem Teilkapitel soll geklärt werden, auf welche Weise die relevanten Werkzeuge identifiziert werden und welche Informationen in die Marktübersicht übernommen werden.

Im Vorfeld ist anzumerken, dass bereits in Literatur und Praxis diverse Marktübersichten und Marktstudien im Kontext der BPM-Werkzeuge existieren. Dementsprechend bedienen sich die Autoren einer Auswahl dieser Arbeiten zur Identifikation der Werkzeuge. In diesem Schritt werden Herstellername, Produktname und Webseite notiert, da diese Informationen für die nachfolgen-

---

[12] Eigene Erstellung

den Schritte obligatorisch sind. Folgende Übersichten werden für diesen Schritt herangezogen:

| Herausgeber | Erscheinungsjahr |
|---|---|
| Forrester | 2008 |
| Fraunhofer | 2008 |
| Fraunhofer | 2010 |
| BPM-Netzwerk | Wird fortlaufend aktualisiert |
| BPM&O | 2010 |
| BVA (Bundesverwaltungsamt) | 2010 |
| n:sight Technology Research | 2005 |
| IT-Production | Wird fortlaufend aktualisiert |
| BPTrends | 2010 |

*Tabelle 3: Marktübersichten und –studien*

Es werden bewusst Übersichten unterschiedlichen Alters herangezogen, um einen möglichst vielseitigen Einblick in den Markt zu erlangen. Im Rahmen der herangezogenen Arbeiten kann die Auswahl der Werkzeuge als vollständig angesehen werden.

Entsprechend Kapitel 3.1 werden im Folgeschritt die für die Kategorisierung notwendigen Informationen anhand von Whitepapers und/oder der Hersteller-webseiten beschafft. Konkret bedeutet das die Identifikation des Fokus der Werkzeuge entsprechend der erarbeiteten Kategorien, sowie die Analyse der technischen Unterstützung der einzelnen Phasen des BPM Lebenszyklus und Informationen zur Systemarchitektur.

Abschließend sollen noch Informationen zum eventuellen Branchenfokus so-wie sonstigen Funktionalitäten der Werkzeuge herausgearbeitet und in der Marktübersicht zur Verfügung gestellt werden.

## 3.3 Werkzeugübersicht

| Kategorie | Hersteller | Name | Strategy Development | Definition and Modeling | Implementation | Execution | Monitoring and Controlling | Optimization and Improvement | Pure Play | Embedded | SaaS | Open-Source | Branchenfokus | Sonstige Funktionalitäten |
|---|---|---|---|---|---|---|---|---|---|---|---|---|---|---|
| BPMA/E | Action Solutions AG | ActionWorks | x | x | x | x | | | x | | | | Branchenübergreifend | Dokumenten- / Projektmanagement |
| BPMA/E | AgilePoint | AgilePoint BPM Suite | x | x | x | | | | x | x | | | Branchenübergreifend | EAI |
| Ganzheitliches BPM | Appian | Appian BPM Suite | x | x | x | x | x | x | x | | x | | Branchenübergreifend | Social BPM, Mobile |
| Modeling | ARCWAY AG | ARCWAY Cockpit | | x | | | | | x | | | | Branchenübergreifend | |
| Ganzheitliches BPM | AristaFlow GmbH (WJ&P Systemhaus AG) | AristaFlow | x | x | x | x | x | x | x | | | | Branchenübergreifend | |
| Ganzheitliches BPM | Arvato Systens | BIC Platform | x | x | x | x | x | x | x | | | | Branchenübergreifend | |
| Modeling | binner-IMS GmbH | sycat | | x | | | | | x | | | | Branchenübergreifend | |
| BPMA/E | BOC Information Technologies Consulting AG | ADONIS | | x | x | x | x | x | x | | | | Branchenübergreifend | |
| BPMA/E | BPM-Solutions GmbH | Cosa BPM Suite | x | x | x | x | x | x | | | | | Branchenübergreifend | |
| Modeling | BPM-X GmbH | BPM-X Suite | | x | | | | | x | x | | | Branchenübergreifend | |

| | | | 1 | 2 | 3 | 4 | 5 | 6 | 7 | 8 | | |
|---|---|---|---|---|---|---|---|---|---|---|---|---|
| | | | | | | | | | | | reifend | |
| Ganzheitliches BPM | BTC AG | Bonapart | x | x | x | x | x | x | x | | Branchenüberg reifend | Prozesswiki |
| Sonstige | Cardiff | LiquidOffice | x | x | x | | x | | x | | Branchenüberg reifend | Mobile |
| Modeling | Casewise Limited | Corporate Modeler Suite | x | | x | | x | | | | Branchenüberg reifend | |
| Sonstige | CI Communigra m GmbH | Communigram | x | | | x | | x | | | Branchenüberg reifend | Projekt-, Dokumentenmanage ment |
| Sonstige | ConSense GmbH | ConSense IMS, QMS, PMS | x | | | | x | | | | Logistik, Bildung, Lebensmittel, Energie, Soziale Dienste, Pharma, Schifffahrt | Dokumentenmanage ment |
| Modeling | Corak Unternehmen sbertung GmbH | Prozessmodellierung | x | | x | x | | | | | Branchenüberg reifend | |
| Ganzheitliches BPM | Cordys | Business Operations Platform | x | x | x | x | x | x | x | x | Finanz, Krankenhaus, Energie, Kommunikation, Logistik, Verwaltung | |
| BPMA/E | Cosa GmbH | COSA BPM | | x | x | x | x | | x | | Branchenüberg reifend | Dokumentenmanage ment |
| BPMA/E | Covum AG | Covum Processor | | x | x | x | x | | x | | Branchenüberg reifend | |
| Ganzheitliches BPM | DHC GmbH | DHC Vision | x | x | x | x | x | x | x | | Pharma, Medizin, Instustrie, Finanz, Verwal- | Dokumentenmanage ment, Mandanten fähig |

tung

| Kategorie | Firma | Produkt | | | | | | | | | Branche | Zusatz |
|---|---|---|---|---|---|---|---|---|---|---|---|---|
| 3PMA/E | Dr. Karb Informationstechnologien | ActiveVOS | x | x | x | x |  | x |  |  | Branchenübergreifend | |
| Ganzheitliches BPM | Dr. Lürzer Software KEG | promol.NET | x | x | x | x | x | x | x |  | Branchenübergreifend | |
| Sonstige | Eagle Peak GmbH | GlobalEagle |  |  |  |  |  | x |  |  | ITK | Warenwirtschaft |
| Sonstige | ECS GmbH | eCenter Suite |  |  |  |  |  | x |  |  | Automobil | Materialdatenverwaltung |
| 3PMA/E | EMC | Dukumentum Process Suite | x | x | x | x |  | x |  |  | Finanz, Industrie, Bildung, Verwaltung, Telekommunikation | |
| Ganzheitliches BPM | Epicor Software Deutschland GmbH | Epicor | x | x | x | x | x | x | x |  | Industrie, Handel, Dienstleistungen | CRM, SCM, Service- und Personalmanagement |
| 3PMA/E | ESN Gruppe | ESN opusP | x | x | x | x | x |  | x |  | Branchenübergreifend | |
| Sonstige | F&M Consulting | flexpo-Suite 9.7 |  |  |  |  |  | x |  | x | Industrie | MES |
| Sonstige | Frauenhofer IPK | MO²GO | x |  | x | x | x | x |  |  | Branchenübergreifend | |
| Ganzheitliches BPM | Fujitsu | Interstage Suite | x | x | x | x | x | x | x | x | Branchenübergreifend | |
| 3PMA/E | GE Intelligent Platforms | Proficy Workflow | x | x | x | x |  | x |  |  | Branchenübergreifend | |
| 3PMA/E | Global 360 | Process Management | x | x | x | x | x | x |  |  | Branchenübergreifend | |
| 3PMA/E | Groiss Informatics GmbH | @enterprise | x | x | x | x |  | x |  |  | Branchenübergreifend | |
| Ganzheitliches BPM | Handysoft | Bizflow | x | x | x | x | x | x | x |  | Branchenübergreifend | |

| | | | | | | | | | | | |
|---|---|---|---|---|---|---|---|---|---|---|---|
| BPMA/E | HCM Customer Management GmbH | vDoc Process | x | x | x | x | | x | | Branchenübergreifend | |
| BPMA/E | HUEBINET | awino | | | | | x | x | | Branchenübergreifend | |
| BPMA/E | humanIt Software GmbH | InfoZoom | x | | x | x | | x | | Branchenübergreifend | |
| Ganzheitliches BPM | IBM | Websphere | x | x | x | x | x | x | x | Branchenübergreifend | |
| Ganzheitliches BPM | IBM | Rational System Architect | x | x | x | x | x | x | x | Branchenübergreifend | integrierte Entwicklungsumgebung |
| Ganzheitliches BPM | ibo Software GmbH | ibo Prometheus | x | x | x | x | x | | x | Branchenübergreifend | |
| BPMA/E | ICODEX Software AG | INTEGRATE! Comm&Work | | | | | x | x | | Branchenübergreifend | |
| Ganzheitliches BPM | iGrafx | iGrafx | x | x | x | x | x | x | x | Branchenübergreifend | |
| Ganzheitliches BPM | imatics Software GmbH | ProcessSuite | x | x | x | x | | x | | Branchenübergreifend | |
| BPMA/E | Imixs Software Solutions GmbH | Imixs Workflow | | x | | | x | | x | Branchenübergreifend | WF Engine |
| | Information Management Software GmbH | IMS Unternehmens-Manager | | | | | | | | | |
| Sonstige | Informing AG | IN:ERP | | | | | | x | | Branchenübergreifend | |
| BPMA/E | Inspire Technologies GmbH | BPM inspire | x | x | | x | x | | x | Branchenübergreifend | |
| Ganzheitliches BPM | Intalio | Intalio BPMS | x | x | x | x | x | x | x | Branchenübergreifend | |
| BPMA/E | intellior AG | AENEIS | x | x | | x | x | x | x | Branchenübergreifend | |

Business Engeneering Labor 2 – Marktübersicht

| Kategorie | Anbieter | Produkt | | | | | | | | Einsatz | Besonderheit |
|---|---|---|---|---|---|---|---|---|---|---|---|
| Ganzheitliches BPM | inubit AG | inubit BPM Suite | x | x | x | x | x | x | x | Branchenübergreifend | Mitwachsendes Lizenzmodell |
| BPMA/E | IQ-optimze Software | IQ-BPM | x | x | | x | x | x | x | Branchenübergreifend | |
| BPMA/E | itp | itp Process Modeler | x | | x | x | | | x | Branchenübergreifend | |
| BPMA/E | JBoss Community | jBPM | x | | x | x | | x | | Branchenübergreifend | |
| BPMA/E | JOOPS Informationstechnik GmbH | OfficeTalk | x | | x | x | | x | | Branchenübergreifend | |
| BPMA/E | Kern AG | Kern Process | x | x | | x | x | | x | Branchenübergreifend | Email System |
| BPMA/E | KTC-Karlsruhe Technology Consulting GmbH | Active Modeler / Active Flow | x | | x | x | x | x | | Branchenübergreifend | Versionsverwaltung |
| Sonstige | LINTRA Solutions GmbH | BPM@Sharepoint - Quam | | | | | | x | | Branchenübergreifend | Unternehmensberatung |
| Ganzheitliches BPM | Lombardi Software | Enterprise BPM | x | x | x | x | x | x | x | Branchenübergreifend | |
| BPMA/E | MEGA International | MEGA Process | x | x | | x | x | x | x | Branchenübergreifend | |
| BPMA/E | Metasonic (jCOM1 AG) | S-BPM Suite | x | | x | x | | x | | Branchenübergreifend | Subjektorientiert |
| BPMA/E | Metastorm Inc. | ProVision | x | x | | x | x | x | x | Branchenübergreifend | |
| Ganzheitliches BPM | Metastorm Inc. | Metastorm BPM Suite | x | x | x | x | x | x | x | Branchenübergreifend | |
| BPMA/E | Method Park Software | Stages | | x | | x | x | | x | Branchenübergreifend | Dokumentenmanagement |
| Modeling | Microsoft | Office Visio | x | | | | | x | | Branchenübergreifend | |

| Kategorie | Anbieter | Produkt | | | | | | | | Ausrichtung | Bemerkung |
|---|---|---|---|---|---|---|---|---|---|---|---|
| | | | | | | | | | | reifend | |
| BPMA/E | MID GmbH | Innovator | x | x | | x | x | x | x | Branchenübergreifend | |
| BPMA/E | MultiBase GmbH | MultiBase Pattern Studio | x | x | x | | | x | | Branchenübergreifend | Content Management System |
| BPMA/E | Open Connect | Improve Business Processes | x | x | x | | | x | | Branchenübergreifend | Process Intelligence |
| BPMA/E | Open Text GmbH | Livelink BPM | x | x | x | | | x | | Branchenübergreifend | Dokumentenmanagement |
| Ganzheitliches BPM | Oracle | Oracle BPM Suite | x | x | x | x | x | x | x | Branchenübergreifend | |
| Ganzheitliches BPM | Oracle & BEA | AquaLogic BPM-Suite | x | x | x | x | x | x | x | Branchenübergreifend | für alle Unternehmen einsetzbar |
| Modeling | PAVONE AG | Espresso Workflow | | | x | | | x | | Branchenübergreifend | Workflow und Projektmanagementtool |
| Ganzheitliches BPM | Pegasystems | Smart BPM Suite | x | x | x | x | x | x | x | Branchenübergreifend | |
| Modeling | Picture GmbH | Picture Prozessplattform | | | x | | x | x | | Branchenübergreifend | Nutzung über Web und teilweise OpenSource Nutzung dadurch geringe Kosten für Endverbraucher |
| Modeling | Ploetz + Zeller GmbH | Symbio Process | | | x | | | x | | Branchenübergreifend | gängige Schnittstellen verfügbar |
| Modeling | process4.biz GmbH | process4biz | | | x | | | x | | Branchenübergreifend | Basis Microsoft Visio |
| Sonstige | ProDatO Integration | iPM - integrated Process | | x | | | x | x | | Branchenübergreifend | keine eigenständi- |

| Kategorie | Unternehmen | Produkt | | | | | | | | | Reifegrad | Bemerkung |
|---|---|---|---|---|---|---|---|---|---|---|---|---|
| | Technology GmbH | Manager | | | | | | | | | reifend | ge Software - Beratungs- funktion |
| Sonstige | Prologistics IT GmbH | pL-x | x | | x | x | | x | | | Lager- & Logistik- unter- nehmen | Voice Kommuni- kation |
| Sonstige | provalida GmbH | IT-Governance | x | x | x | x | x | x | | | Bran- chenüber- reifend | Auf die IT im Unter- nehmen zugeschnit- ten |
| Ganzheit- liches BPM | pulinco engi- neering ag | TopEASE | x | x | x | x | x | x | x | | Bran- chenüber- reifend | |
| Ganzheit- liches BPM | QC PSS | Tenrox | x | x | x | x | x | x | | x | Bran- chenüber- reifend | WebArchit ekture kei- ne Client- installation notwendig |
| Ganzheit- liches BPM | SAP AG | SAP Business Suite | x | x | x | x | x | x | x | x | Bran- chenüber- reifend | Modularein setzbar und Erweiter- bar |
| Sonstige | SAPERION AG | Geschäftspro- zessmanageme nt | x | | | x | | | x | | Bran- chenüber- reifend | Einbau in bestehen- des System als Standalone nicht sinn- voll |
| Ganzheit- liches BPM | Savvion | Businessma- nager | x | x | x | x | x | x | x | | Bran- chenüber- reifend | leichter Einbau von Webser- vices |
| Sonstige | Select Busi- ness Soluti- ons, Ltd. | Select Solution Factory | x | x | x | | | x | x | | Bran- chenüber- reifend | |
| Sonstige | Semtation GmbH | SemTalk | x | | | x | x | | x | | Bran- chenüber- reifend | Microsoft Visio not- wendig |
| Modeling | semture GmbH | Cubetto Toolset | x | | | | | x | x | | Bran- chenüber- reifend | eigene Erstellung von Mo- dellierungs sprachen möglich |

| Kategorie | Anbieter | Produkt | | | | | | | | | Branche | Besonderheit |
|---|---|---|---|---|---|---|---|---|---|---|---|---|
| BPMA/E | Signavio GmbH | Signavio Process Editor | x | x | x | x | | x | | x | Branchenübergreifend | Integration mit ARIS |
| BPMA/E | SimProQ Software GmbH | SimProQ (Business ProQ) | x | x | x | x | x | | | | Immobilienwirtschaft, Gesundheitswesen, Energiewirtschaft | Anwenderschulung durch Hersteller |
| Ganzheitliches BPM | Singularity | BPM-Suite | x | x | x | x | x | x | x | | Branchenübergreifend | Anbindung an Microsoft Office SharePoint Server |
| Ganzheitliches BPM | Software AG (früher: IDS Scheer AG) | ARIS Platform | x | x | x | x | x | x | x | | Branchenübergreifend | Dokumentenmanagement |
| Ganzheitliches BPM | Soreco AG | Xpert | x | x | x | x | x | x | x | | Branchenübergreifend | konsequente Nutzung der Webtechnologie |
| Modeling | SSA SoftSolutions GmbH | TrustedData | x | | | x | x | x | | | Branchenübergreifend | Client Software auf Windowssysteme abgestimmt |
| BPMA/E | SUNGARD | Infinity Process Platform | x | x | x | x | x | x | | | Branchenübergreifend | SOA und SaaS Unterstützung |
| BPMA/E | Synlogic AG | Income Suite | x | x | x | x | | x | | | Branchenübergreifend | Dokumentenverwaltung |
| Ganzheitliches BPM | Tibco | Tibco Business Studio [ActiveMatrix BPM] | x | x | x | x | x | x | x | | Branchenübergreifend | |
| Ganzheitliches BPM | Ultimus GmbH | Ultimus Adaptive BPM Suite | x | x | x | x | x | x | x | | Branchenübergreifend | einzelne Module unabhängig erhältlich |
| Modeling | Unit4Agresso | Agresso Business Modeller (Nautilus) | x | | | | | x | | | Branchenübergreifend | Integration von Microsoft Visio |
| BPMA/E | Verity Deutschland | Verity LiquidBPM | x | x | x | x | | x | | | Softwaredevelopme | Unterstützung vieler |

| | | | | | | | | | | | | |
|---|---|---|---|---|---|---|---|---|---|---|---|---|
| | GmbH | SDK | | | | | | | | | nt und Systemintegration | Standards |
| ianzheitliches BPM | ViCon GmbH | ViFlow | x | x | x | x | x | x | | x | Branchenübergreifend | |
| ianzheitliches BPM | Vitria | Vitria M3O Suite | x | x | x | x | x | x | x | x | Branchenübergreifend | Cloudunterstützung |
| ianzheitliches BPM | Whitestein Technologies AG | Living Systems Process Suite | x | x | x | x | x | x | x | | Branchenübergreifend | Zielorientierte Prozessmodellierung |
| Sonstige | WINTER-HELLER software GmbH | Professional Planner | | | | | x | x | x | | Anlagenbau, Projektgeschäft, Sozialeinrichtungen, Kulturbetriebe, Bauwirtschaft, Gesundheitswesen, Architekten | |
| 3PMA/E | Workpoint | Workpoint BPM | x | x | x | x | x | | x | | Branchenübergreifend | Microsoft®.NET Version und eine reine Java™ J2EE Version |

Tabelle 4: Werkzeugübersicht

# 4 Analyse der Marktübersicht

## 4.1 Analysedesign

Um nun weitere Informationen über die am Markt verfügbaren Werkzeuge zu erhalten wurde auf das Verfahren der Clusteranalyse zurückgegriffen. Unter Verwendung des Statistikwerkzeugs SPSS (Superior Performing Software System) gestaltete sich das Design prinzipiell wie folgt:

Im ersten Schritt wurde eine Hierarchische Clusteranalyse durchgeführt, wobei unterschiedliche Variablen bzw. einzelne Ausprägungen als Input-Daten ausgewählt wurden. Als Cluster-Methode wurde „Linkage zwischen den Gruppen" (das arithmetische Mittel der Distanzen wird als Distanz zwischen den Clustern angesehen[13]) mit dem Messniveau der Euklidischen Distanz (Intervall) verwendet. Demnach wurde zuerst eine Distanz-Matrix erstellt und anschließend ein Dendogramm[14] erzeugt. Das Ziel der Hierarchischen Clusteranalyse lag bei diesem Vorgehen in der Bestimmung der optimalen Anzahl an Clustern mit der Forderung nach[15]

-   möglichst großer Ähnlichkeit innerhalb der Cluster und möglichst großer Verschiedenheit zwischen den Clustern

-   Zusammenfassung der Werkzeuge in eine überschaubare Anzahl von Clustern.

Anschließend wurde mit der ermittelten Clusteranzahl eine Clusterzentrenanalyse[16] zur Identifizierung der konkreten Cluster mit der Anzahl Ihrer Objekte durchgeführt. Dabei wurden die anfänglichen Clusterzentren (Startwerte) automatisch vom System generiert.

---

[13] Brosius, F: SPSS 8 – Professionelle Statistik unter Windows, 1. Auflage (1998), mitp Verlag, S. 710
[14] Vgl. Eckstein, P.P.: Statistik für Wirtschaftswissenschaftler 2010 – Eine realdatenbasierte Einführung in SPSS, 2. Auflage (2010), Gabler, S. 413
[15] Institut für Informationsmanagement im Ingenieurwesen an der Universität Karlsruhe: Clusteranalyse, http://imihome.imi.uni-karlsruhe.de/nclusteranalyse_b.html, Abrufdatum: 18.03.2011
[16] Brosius, F: SPSS 8 – Professionelle Statistik unter Windows, 1. Auflage (1998), mitp Verlag, S. 721ff

## 4.2 Ergebnisse

### 4.2.1 Werkzeugkategorien

Zunächst sollte überprüft werden, ob die im Vorfeld vermutete und verwendete Kategorisierung der Werkzeuge in „BPMA/E", „Ganzheitliches BPM", „Modeling" und „Sonstige" sinnvoll und passend gewählt wurde. Dazu wurden als Input-Daten die Phasen des BPM-Lebenszyklus, konkret also die Ausprägungen „Strategy Development", „Definition and Modeling", „Implementation", „Execution", „Monitoring and Controlling" und „Optimization and Improvement", herangezogen und entsprechend des Analysedesigns untersucht. Die hierarchische Analyse ließ dabei auf eine Clusteranzahl von 6 schließen, womit die Clusterzentrenanalyse folgende Ergebnisse lieferte.

*Clusterzentren der endgültigen Lösung*

| | Cluster | | | | | |
|---|---|---|---|---|---|---|
| | 1 | 2 | 3 | 4 | 5 | 6 |
| Strategy Development | 0 | 1 | 1 | 0 | 0 | 1 |
| Definition and Modeling | 1 | 1 | 1 | 1 | 1 | 1 |
| Implementation | 1 | 1 | 1 | 0 | 0 | 1 |
| Execution | 1 | 1 | 1 | 0 | 0 | 0 |
| Monitoring and Controlling | 1 | 0 | 1 | 0 | 1 | 1 |
| Optimization and Improvement | 0 | 0 | 1 | 0 | 1 | 0 |
| Anzahl der Objekte | 34 | 4 | 37 | 19 | 9 | 1 |

*Tabelle 4: Clusterzentren: Werkzeugkategorien*

Die Cluster 1, 3 und 4 können nun als besonders relevant betrachtet werden, da diese signifikant mehr Objekte aufnehmen als die übrigen drei Cluster. Diese herausstechenden Cluster können auf die vermuteten Kategorien wie folgt abgebildet werden:

- Cluster 1 = BPMA/E
- Cluster 3 = Ganzheitliches BPM
- Cluster 4 = Modeling

Die weniger relevanten Cluster 2, 5 und 6 können demnach aggregiert auf „Sonstige" abgebildet werden, sodass festzuhalten ist, dass die gewählte Kategorisierung passend war und erhalten bleiben kann.

## 4.2.2 Zusammenhang von Werkzeugtyp und Branchenfokus

Eine weitere Analyse zielte auf den Zusammenhang von Werkzeugtyp („BPMA/E (1)", „Ganzheitliches BPM (2)", „Modeling (3)", „Sonstige" (4)) und Branchenfokus ab. Beim Branchenfokus wurde hierbei nur unterschieden, ob das Werkzeug als Branchenübergreifend (1) oder Branchenspezifisch (2) angegeben wurde. Die konkreten Branchen spielten dabei keine Rolle.

Wie erwartet, konnte nach der hierarchischen Analyse auf 4 Cluster geschlossen werden, da vier Kategorien vorliegen. Die Clusterzentrenanalyse generierte dementsprechend folgende Ergebnisse.

*Clusterzentren der endgültigen Lösung*

|  | Cluster | | | |
|---|---|---|---|---|
|  | 1 | 2 | 3 | 4 |
| Kategorie | BPMA/E | Ganzheitlich | Modeling | Sonstige |
| Branchenfokus | 1 | 1 | 2 | 1 |
| Anzahl der Objekte | 67 | 16 | 6 | 13 |

*Tabelle 5: Clusterzentren: Zusammenhang von Werkzeugtyp und Branchenfokus*

Während also die Kategorien „BPMA/E", „Ganzheitliches BPM" und „Sonstige" eher Branchenneutral einzuordnen sind, ist ein interessantes Ergebnis dieser Analyse, dass in der Sparte „Modeling" das Cluster mit einem vorhandenen Branchenfokus identifiziert wurde.

## 4.2.3 Zusammenhang der Quellen

Nun wurde untersucht, in wie fern die unterschiedlichen Quellen, also Forrester, Faunhofer 2008 und 2010, BPM Netzwerk, BPM&O, BVA 2010, n:sight, it-production und BPTrends dieselben Werkzeuge untersuchten. Das hierarchische Clusteranalyse ließ dabei zunächst auf 6 Cluster schließend, was die Vermutung zu bestätigen schien, dass die einzelnen Übersichten sehr unabhängig voneinander die Werkzeuge analysierten. Demnach identifizierte die Clusterzentrenanalyse folgende Cluster.

Clusterzentren der endgültigen Lösung

|  | Cluster | | | | | |
|---|---|---|---|---|---|---|
|  | 1 | 2 | 3 | 4 | 5 | 6 |
| Forrester | 0 | 1 | 0 | 0 | 0 | 1 |
| Fraunhofer 2008 | 1 | 0 | 0 | 0 | 0 | 1 |
| Fraunhofer 2010 | 0 | 0 | 0 | 0 | 0 | 1 |
| BPM Netzwerk | 1 | 0 | 0 | 1 | 0 | 1 |
| BPM& O | 1 | 0 | 1 | 0 | 0 | 1 |
| BVA 2010 | 1 | 0 | 0 | 0 | 0 | 1 |
| [n:sight] technology research | 0 | 0 | 0 | 0 | 0 | 0 |
| it-production | 0 | 0 | 0 | 0 | 1 | 1 |
| BPTrends | 0 | 1 | 0 | 0 | 0 | 0 |
| Anzahl der Objekte | 14 | 19 | 25 | 30 | 15 | 1 |

*Tabelle 6: Clusterzentren: Zusammenhang der Quellen*

Die vermutete Unabhängigkeit der Quellen wurde vor allem durch die Cluster 3, 4, 5 und 6 bestätigt. Allerdings sollten hier die Cluster 1 und 2 gesondert betrachtet werden. Demnach untersuchten Forrester und BPTrends 19 mal die identischen Werkzeuge und es existieren sogar 14 Tools, die von insgesamt 4 Quellen, konkret von Fraunhofer 2008, BPM-Netzwerk, BPM&O und BVA 2010, analysiert wurden.

### 4.2.4  Zusammenhang von Werkzeugtyp und Quellen

Der Zusammenhang von Werkzeugtyp und den Quellenübersichten wurde im Gegensatz zu den anderen Analysen nicht mit dem vorgestellten Analysedesign, sondern manuell durch die Erstellung der folgenden Tabelle untersucht.

|  | Kategorie | | | | |
|---|---|---|---|---|---|
| Quelle | BPMA/E | Ganzheitlich | Modeling | Sonstige | Gesamt |
| Forrester | 0 | 11 | 0 | 1 | 12 |
| Fraunhofer 2008 | 5 | 7 | 3 | 2 | 17 |
| Fraunhofer 2010 | 3 | 5 | 0 | 0 | 8 |
| BPM-Netzwerk | 18 | 15 | 8 | 7 | 48 |
| BPM&O | 15 | 14 | 4 | 3 | 36 |
| BVA 2010 | 9 | 10 | 2 | 1 | 22 |
| n:sight | 5 | 5 | 0 | 0 | 10 |
| IT-production | 4 | 9 | 3 | 6 | 21 |

| BPTrends | 5 | 15 | 0 | 0 | 20 |
|---|---|---|---|---|---|
| Gesamt* | 38 | 35 | 13 | 18 | 104 |

*Tabelle 7: Zusammenhang von Werkzeugtyp und Quellen*

\* Bei den Gesamtzahlen handelt nicht um die Summe der Spalten, sondern um die Summe der unterschiedlichen identifizierten Werkzeuge, einer Kategorie. Dieser Unterschied kommt die Überschneidungen der Quellen zustande. Zu beachten sei an dieser Stelle weiterhin, dass die Gesamtzahlen hier nicht exakt mit dem Ergebnis der Clusteranalyse aus Kapitel 4.2.1 übereinstimmen, was damit zusammenhängt, dass der Clusterbildung ein Ähnlichkeitsmaß zugrunde liegt, wodurch es in Einzelfällen zu geringen Abweichungen kommt.

Bei dieser Ansicht sind mehrere Erkenntnisse zu gewinnen: Bei Forrester liegt der Fokus auf Werkzeugen, welche des gesamten BPM-Zyklus unterstützen. Fraunhofer 2008, BPM-Netzwerk, BPM&O, BVA und IT-Production betrachten hingegen alle Typen von Werkzeugen, wobei der Bereich um BPM/A und dem ganzheitlichen BPM deutlich überwiegt. Fraunhofer 2008, n:night und BPTrends, konzentrieren sich, dieser Auswertung zufolge, ausschließlich auf BPM/A und das ganzheitliche BPM.

Weiterhin lassen die Gesamtzahlen der identifizierten Werkzeuge einige Rückschlüsse zu. Es ist zu erkennen, dass der Bereich um BPM/A und dem ganzheitlichen BPM gute 70% der Marktübersicht abdecken, Modeling und Sonstige erreichen knapp 30%. Innerhalb dieser beiden „Cluster" ist die Verteilung der Kategorien in etwa mit 50:50 abzulesen.

# 5 Fazit

In der vorhandenen Marktübersicht wurden 104 Tools berücksichtigt und näher betrachtet. Alle Tools, die in den jeweiligen Marktübersichten erwähnt wurden, wurden in die Marktübersicht integriert und ausgewertet. Da auch ältere Marktübersichten verwendet wurden, wurden einige Tools aufgeführt, deren Namen sich im Laufe der Zeit geändert haben, bzw. die zugehörige Firma hat gewechselt. In diesem Fall wurde der ursprüngliche Name in Klammern hinter den aktuellen Namen hinzugefügt um Redundanzen zu vermeiden.

Man kann feststellen, dass einige Suiten den gesamten BPM-Zyklus abbilden, wie beispielsweise Appian oder Bonapart, andere legen ihren Fokus eher auf die Modellierung und Ausführung von Geschäftsprozessen, wie z.B. Infitity Process Platform oder die Income Suite.

Sehr viele Tools sind Branchenübergreifend verwendbar, allerdings gibt es auch Suiten, die sich auf bestimmte Branchen (z.B. die Pharma- oder Automobilindustrie) spezialisiert haben. Diese bieten dann auch spezielle Funktionalitäten an, die in den jeweiligen Branchen benötigt werden.

Die Systemarchitektur ist in den meisten Fällen Pure Play, allerdings treten auch vereinzelt Open Source, Software-as-a-Service oder Embedded Suiten auf. Meistens treten dann Mischformen aus z.B. Pure Play und Software-as-a-Service auf.

Da das BPM Netzwerk und IT-Production ständig erweitert werden, muss die Tabelle weiter gepflegt werden, um auf dem aktuellen Stand zu bleiben und alle aufgeführten Tools zu berücksichtigen.

# Literaturverzeichnis

BPTrends Report:
http://www.bptrends.com/members_surveys/deliver.cfm?report_id=1004&t
arget=2009%20BPTrends%20State%20of%20Market%20Rept%20-
FINAL%20PDF%20CAP%202-1-10.pdf&return=surveys_landing.cfm, Abrufdatum: 27.02.2011

Brosius, F: SPSS 8 – Professionelle Statistik unter Windows, 1. Auflage
(1998), mitp Verlag

Eckstein, P.P.: Statistik für Wirtschaftswissenschaftler 2010 – Eine realdatenbasierte Einführung in SPSS, 2. Auflage (2010), Gabler

Freund. J: Orientierung BPM, http://www.bpm-guide.de/wp-
content/uploads/2010/08/cw33-s14-17.pdf, Abrufdatum: 01.03.2011

Institut für Informationsmanagement im Ingenieurwesen an der Universität
Karlsruhe: Clus-teranalyse, http://imihome.imi.uni-
karlsruhe.de/nclusteranalyse_b.html, Abrufdatum: 18.03.2011

Kostengünstig und effektiv: Ganzheitlicher Ansatz bietet Unternehmen flexible
und optimale Lösungen - Mit Business Process Management (BPM) an die
Marktspitze, http://www.pressebox.de/pressemeldungen/frontrange-
solutions-deutschland-gmbh/boxid/91487, Zugriff am 1.3.2011

Marktübersicht BPM-Netzwerk: http://www.bpm-
netzwerk.de/content/software/listSoftware.do?view=general, Abrufdatum:
01.03.2011

Marktübersicht BPM&O:
http://www.bpmo.de/bpmo/export/sites/default/de/know_how/downloads/B
PM-Anbieter_Umfrage_08.11.2010.pdf, Abrufdatum: 03.03.2011

Marktübersicht BVA:
http://www.bva.bund.de/cln_101/nn_373584/BIT/DE/Shared/Publikationen
/VBPO/Arbeitshilfen__Softwareprodukte,templateId=raw,property=publica
tionFile.pdf/Arbeitshilfen_Softwareprodukte.pdf, Abrufdatum: 01.03.2011

Marktübersicht Forrester: http://wiki.computerwoche.de/doku.php/soa_bpm/bpm-tools_workflow, Abrufdatum: 28.02.2011

Marktübersicht IT-Production: http://www.it-production.com/mue/index.php?id=35, Abrufdatum: 01.03.2011

Marktübersicht n:sight Technology Research: http://www.competence-site.de/antriebstechnik/BPM-Marktuebersicht, Abrufdatum: 01.03.2011

Müller, D.: Business Process Management (BPM) auf dem Vormarsch, September 2004, http://www.zdnet.de/it_business_technik_business_process_management__bpm__auf_dem_vormarsch_story-11000009-39125776-1.htm, Zugriff am 1.3.2011

Nordsieck, F.: Die schaubildliche Erfassung und Untersuchung der Betriebsorganisation, 1932

Pajkovska Goceva, S.: Business Process Management Suites: Ein Überblick,

Grin Verlag 2009, S.1

Spath, D., Weisbecker, A. (Hrsg.): Business Process Management Tools 2008 – Ein evaluie-rende Marktstudie zu aktuellen Werkzeugen, Fraunhofer Institut Arbeitswirtschaft und Organi-sation

Spath, D. (Hrsg.), Weisbecker, A., Drawehn, J.: Business Process Modeling 2010 - Modellierung von ausführbaren Geschäftsprozessen mit der Business Process Modeling Notation, Fraunhofer Institut für Arbeitswirtschaft und Organisation IAO